Anonymus

Entwurf einer lehrreichen Weltgeschichte

Anonymus

Entwurf einer lehrreichen Weltgeschichte

ISBN/EAN: 9783743326712

Hergestellt in Europa, USA, Kanada, Australien, Japan

Cover: Foto ©ninafisch / pixelio.de

Manufactured and distributed by brebook publishing software (www.brebook.com)

Anonymus

Entwurf einer lehrreichen Weltgeschichte

Entwurf
einer
lehrreichen
Weltgeschichte.

Frankfurt und Leipzig,
1766.

Vorrede.

Ihr, die ihr Monumente bauet,
Und in das Erz der Herzen hauet,
 Was einstens Zohd und Tcston,
 Und was der Preussen Held gethan.

Verzeihe, wenn hier, in mindern Thaten,
Ein Lied, das keine fordern fordern,
 Von euern edlen Werken spreche.
 Wisse, mein Entwurf ist ein Gedicht.

Die so wichtige Geschichtskunde ist zu allen Zeiten die erste Wissenschaft gewesen, womit vernünftige Lehrer ihren Anbefohlenen eine Lust zu den übrigen Kenntnissen einzuflösen sich bemühet haben. Allein, wie wenig haben sie dadurch ihren Endzweck erreichet, die Jugend, auf eine angenehme Weise, mit edlen Begriffen, und mit wahren Schönheiten und Schildereyen einer besten Welt, gleichsam zu beleben? Die meisten Liebhaber der Geschichte, die durch die emsige Sorgfalt bemühter Lehrer entstehen, bringen es so weit, daß sie endlich erkennen lernen, die Thaten der Sterblichen seyen von je her einerley gewesen. Dadurch werden sie eingeschläfert und gleichgültig. Sie haben kaum vernommen, daß es zu allen Zeiten gewisse grosse Geister gegeben, die man Helden nennet; so sind sie beruhigt. Sie sehen vom Anfange der Geschichte, bis auf jetzige Zeiten nichts als Bemühungen der Helden, sich ein wenig Ehre streitig zu machen. Dieses werden sie gewohnt und nehmen es als bekannt an, daß die Geschichte nichts anders merkwürdig findet, nichts der Vergessenheit entreisse, als was durch Krieg,

Elend

Elend und Blutvergießen unvergeßlich geworden.

Wenn man dieses in der allgemeinen Geschichte so befunden hat; so lefet man zur Lehre vom Eugen, vom Marlborough u. s. f. Man findet sie wieder vollkommen ähnlich, und man schließt, daß die Geschichte ein Werk für Soldaten und Fürsten, nicht aber eine Wissenschaft sey, die den Verstand eben so erheitert und zum Leben klug und geschickt machet, als die beste Weltweisheit.

Wie groß aber dieser Irrthum sey, das wissen diejenigen, die die Wissenschaften nur in der Absicht studieren, daß sie klüger werden wollen.

Allein dieses ist noch nicht das größeste Uebel, welches aus der Art, die Geschichte zu lehren entstehet. Nein! auch derjenigen, die sie in ihrer zartesten Jugend lieben, bekommen die gefährlichsten Begriffe von der wahren Größe des Geistes. Gewiß! wir bezahlen es den Helden allzutheuer, daß sie uns in unsern Dütten vertheidigen und beschützen; indem wir ihre Thaten allen übrigen Veränderungen und Bemühungen des Geistes vorzuziehen gar kein Bedenken tragen. Warum mag man doch von allen Zeiten her so unbedachtsam gewesen seyn, der Jugend Helden zu Mustern zu geben: einer Jugend, worunter die größte Zahl nur zu friedlichen Geschäfte des Lebens zu treiben bestimmet ist?

Die Geschichte soll ein Spiegel des Lebens und eine Abschilderung des Menschlichen, das ist, des ganzen Herzens seyn, und sie lehret uns doch kaum das Herz einiger durch Glück und Macht unterschiedener Personen kennen.

Wo-

einer lehrreichen Weltgeschichte. 3

Warum giebt es nicht auch, von Davids Zeiten an, eine Geschichte glücklich gewordener Schäfer? Warum nicht eine Geschichte kluger Hausväter, wahrer Freunde, guter Mütter, gehorsamer Kinder, eine Geschichte der Genies, seltsamer Personen, wunderlicher Charakterer u. s. f. Man verweiset mich auf die gelehrte und Naturgeschichte. Allein, wer kann mit dergleichen Geschichte die ersten Jugendjahre belästigen, da man eben so wenig Gelehrsamkeit, Natur und Künste verstehet, als das grosse Werk der Helden, das wir mit unsern kindischen Begriffen unmöglich anders, als zum Nachtheil der wahren Helden, ansehen und behalten lernen?

Ueberdem ist es, für das beste Gedächtniß, ein sehr wichtiges Bemühen, die Namen derjenigen zu unterscheiden, die sich wircklich auf dem Welttheater merkwürdig gemacht haben. Ja, selbst die merkwürdigsten Personen werden ihnen unendlich unbequem, weil sie ihre Grösse und die Vorwürfe ihrer Bemühungen unmöglich fassen und übersehen können.

So lehret man die Geschichte der Religion, als einen Anhang der Fürstengeschichte. Und der Lehrling kennt weder die Angelegenheiten der Religion noch das Hohe, wohin die Bemühungen der Fürsten gezielet haben. Sie lernen also leicht von beyden niedrig denken. Sie halten den Hohenpriester für einen eben so intriganten Mann als einen Wallenstein, und einen Cäsar für einen Johann von Leyden. Ja, was noch mehr ist, sie finden die letztern oft merkwürdiger als die ersten, und wissen die Begebenheiten eines Kunz von Kaufungen stungen weit erbaulicher zu erzählen, als alle Begebenheiten eines Cyrus, eines großen Cocls u. s. f.

Möchten wir doch ein Geschichtbuch haben, das durch alle Jahrhunderte, wie Justin geschrieben redet, das uns lauter Begebenheiten erzählte, wie die vom Romulus und seinem Bruder Remus! Die behält man gewiß, wenn man sie jung erlernet.

Warum hat doch Justin nicht auch die römische Geschichte so artig beschrieben, als er die Begebenheiten der ältern Monarchien und Städten zu beschreiben gewußt? Warum giebt es nicht noch einen Justin, der uns, statt einer magern und steifen Fürstengeschichte, ein so annehmenswürdiges Bild von den Begebenheiten der europäischen Staaten liefert? Wie gern würde man einen französischen, spanischen, englischen oder teutschen Justin lesen. Und wie lieb würde er nicht der ersten Jugend seyn?

Man zeiget mir Boßners und Rollins, Sackse und Lenos. Allein, man zeiget dadurch nur, daß man mich nicht verstanden habe. Die Jugend kann sie so wenig gebrauchen, als die Anfänger in der Dichtkunst die Homere, Voltäre und Hagedorne, als die Anfänger der Tonkunst die Henkel und Bache. Ja, was sage ich? Justin ist sich nicht überall gleich. Er wird zuweilen trocken, ernsthaft, steif und unangenehm.

O hätte Europa wie Justin das Jugendliche in der Geschichte gekannt, und es nach seiner Art so kurz und gut beschrieben, wie er die römische Geschichte beschreibet! Was kann wohl schöneres gefunden werden, als wenn Ge-

Geschichtschreiber des römischen Staates, ein Staatssecretair eines großen Kaysers, von dem unendlich großen Cicero der Jugend nichts weiter vorträgt, als sein *it Cicero Orator hoc tempore.* Er saget wirklich alles das Hohe, was an Cicero gefodert kann, wenn er ihn, in seinem Zeitpunkte, auch nur *Orator,* einen Redner, nennet. Wenigstens zu meinen Ohren saget das eben so viel als das *Magnus* bey Alexander oder Carolus.

Ein Lehrer der Geschichte, der den Curtius zum Grunde leget, siehet sich genöthiget, dieses *Orator* eben so vollständig als das *Magnus* zu erklären. Das Lehrbuch aber führet darum nichts mehr an, weil es für die erste Jugend seyn soll, die beydes nicht im gänzlichen Umfange zu fassen vermögend ist.

Jedermann erkennet also leicht, daß ein löbliches Geschichtbuch, wie es der Jugend wünschen kann, alle hohe und schwer zu übersehende Charaktere, in wenig Worten, ihre Begebenheiten aber in anmuthigen Schilderungen und Vorstellungen vorlegen müsse.

Weil aber die Geschichte der Helden und der Regenten nothwendig erlernet werden muß, wenn man eine gründliche Weltgeschichte erlernen will; so muß man selbige eben dadurch erleichtern, wenn man, wie Justin, dasjenige vortheilhafter Weise der Jugend erzehlet, was ihre Aufmerksamkeit reizen kann, denjenigen Fürsten zu kennen, und seinen Namen, ja seine ganze Periode, im Gedächtnisse zu behalten, welcher ihn, durch so angenehme Zufälle, so merkwürdig wird. Sollten denn aber nicht zu allen Zeiten Dinge vorgefallen seyn, die man eben so leicht und so gerne behielte, als die Auferziehung des Cyrus oder die Geschichte vom Romulus und Remus, der Raub der Sabinerinnen, die Begebenheiten Carls des Zwölften in Bender und Wenzels Unarten? Ich kann mich nicht überreden, daß sich die Menschen, durch alle Jahrhunderte, so undenklich gewesen, und daß ihre Geschichte so arm an dergleichen Merkwürdigkeiten seyn sollten. Ich glaube vielmehr, daß es dergleichen Begebenheiten, in allen Zeiten, gegeben. Man wage es nur, sie zu erzählen. Man nenne die Personen nicht. Man sage nur etwa: Zu den Zeiten des Königs Pharamunds, des Kaysers Ludewigs u. s. w. da begab sichs einmal, daß 2c. So bald man die Begebenheit mit Vergnügen gefasset hat; so wird man den Pharamund und den Ludwig behalten, und seine Periode wird uns unvergeßlich werden.

Kurz, die Helden und alle Fürsten verlieren unendlich bey unsern Geschichtsbüchern. Als plinius dem Trajan recht viele Ehre anthun, und ihn, durch seine Lobrede, unvergeßlich machen wollte, so gefiel es ihm, des Getrendes zu gedenken, das er den Soldaten zugeleget hatte. Und dessen gedenkt er so oft, daß man die römischen Soldaten beynahe für Fresser halten muß. Plinius würde diesen Gedanken schwerlich so oft gehabt haben, wenn er nicht in der Meynung gestanden, daß den guten Fürsten an der Liebe des Volkes und an seinen günstigen Erinnerungen eben so viel gelegen wäre, als an dem Beyfalle der hohen und wichtigen Staatsglieder.

Eben

einer lehrreichen Weltgeschichte. 9

Eben so soll ein Geschichtschreiber dahin bemühet seyn, die Zeit eines jeden Fürsten so merkwürdig zu machen, daß sie der Kindheit schon in die Augen leuchte, und daß man die Frage: Wer regierete damals? jederzeit ungezwungen erhalten möge. Wie viele Namen von eben so großen Königen als Cyrus und Alexander findet man nicht in den Geschichten, wobey wir weiter nichts zu lernen haben, als die Zeit, wenn sie zur Regierung gekommen, und wenn sie gestorben sind?

Welch ein Vergnügen, diese Namen zu erlernen? Welcher Mensch wird sich an der Vermuthung, daß ein Fürst dieses kurze Schicksal verdienet habe, belustigen, um diese Begebenheit zu behalten? Man sage von Kayser Friedrich dem Dritten oder den Vierdten noch so oft, daß er keine Thaten gethan; er bleibt, wegen der Menge der Begebenheiten seiner Zeit, dennoch unverächtlich. Je länger ein Herr regieret hat, je leichter muß es seyn, seine Person merkwürdig zu machen. Ja, es ist die Frage, ob ein unthätiger Regente denkenswürdiger sey, als ein Cäsar und ein ähnlicher Eroberer neuer Welttheile. Wie glückselig würde sich mancher Fürst noch jetzo schätzen, wenn man von ihm weiter nichts zu sagen hätte, als, daß er den Janustempel zugeschlossen, und seit dem, achtzig Jahre in Friede Brod gegessen habe? Die Begebenheiten seiner Unterthanen, ihre Freude, ihr Muth und ihre Erfindungen werden ihn merkwürdiger machen, als die Lorbeerzweige der Helden. Man erzehle der lesenden Jugend, was sich in dieser glückseligen Periode zugetragen; wie viel Friede die Musen, und alle Künstler empor

A 5 gebracht,

gebracht, wie Handel und Wandel den Fürsten und das ganze Land bereichert habe. Die wird den Fürsten so wenig als einen Artikel vergessen.

Krieg und Eroberungen sind nur zufällige Begebenheiten, die sich ein kluger und würdiger Fürst niemals zu wünschen pfleget. Daß er stark genug dazu ist, sich in diesen Begebenheiten groß zu machen, das ist sein fürstlicher Charakter, eine Folge seiner Erziehung und ein Vorzug, der ihm als Fürsten eigen ist. Allein die edlen Triebe des friedliebenden Geistes, den Trieb ein Volk und sich selbst, durch friedsame Gesinnungen und Bemühungen, glückselig zu machen, zu unterdrücken, das heißt: aus der Nothwehre ein Vergnügen, und aus Blutvergießen sein Hauptwerk machen.

Allein, dieses ist ein Labyrinth für die Vernunft. Verbrüche ist das Kriegen und der Trieb des Helden eben so nothwendig als die Liebe des Friedens. Dem sey indessen, wie ihm wolle, so bleiben die friedfertigen Regenten doch immer eben so merkwürdig, als die Eroberer.

Wir müssen also, um die Geschichte gründlich zu erlernen beyde merken und zu behalten suchen. Wie wird aber dieses möglich seyn, wenn uns die Geschichtbücher selbst davon abschrecken, indem sie den Frieden sanftmüthiger Fürsten eine Unthätigkeit, Faulheit, Ticheber und Schläfrigkeit zu nennen belieben? Ist nicht die ganze Geschichte gleichsam eine unaufhörliche Lobrede der Kriegesmänner und ein beständiger Tadel friedliebender Monarchen? Nicht anders, als wenn die Lebenszeit eines Fürsten vergebens verflossen wäre, wenn sie ohne Krieg verflossen ist.

Man

Man verzeihe mir diese Kleinigkeiten, die der geringste und ungelehrteste Kriegsmann gewiß eben so denken wird, als sie hier vorgetragen sind. Ich überlasse euch Heldenseelen die Geschichte, die so voller Thaten ist. Wir aber wünsche ich ein Buch, darinnen die Kriege eben so kurz abgefertiget sind, als ihr die ruhigen Lebensbegebenheiten zu beschreiben pfleget. Z. E. zur Zeit Wilhelm des Eroberers war in Wessex ein frommer Lord, der alle seine Unterthanen zum Fleiß und Arbeit anhielt, und der sie zugleich lehrete, wie man das erworbene Gut recht mit Vergnügen geniessen und dabey gesund und lange leben könnte.

Man erlaube mir ein Gerippe zu einem Geschichtbuche zu entwerfen, wie ich mir es wünsche. Hier ist es:

Jobi ist der älteste unter denen, die die Geschichte Monarchen nennet. Er hat sein Volk mit Weisheit regieret, und sein Andenken ist durch die Dankbarkeit der Chineser bis zu uns gelanget. Eben diese Gesinnung hegen sie noch täglich gegen ihren ersten Lehrer der Tugend den unsterblichen Con-fu-Tse.

Lange nach den glückseligen Zeiten des Jobi hat Semiramis die Monarchie der Assyrer berühmt gemacht. Sie war in der That grösser als Ninus und Ninyas. Justin erzählet von ihnen viel Angenehmes.

Lange hernach bemächtigte sich Cyrus der Monarchentrone, und regierete so wie Jobi und wahrscheinlicher Weise nach den Tugendlehren des Xenophons; wie Sesostris nach dem Jamelon. Auf diesen folgte Themistokles, der den

Xerxe-

Lerxes, zum grossen Theil für die ganze gelehrte Welt, betrog.

Nicht lange nach diesem hat Alexander, obwohl sehr kurze Zeit, als Monarch regieret.

Auf diesen folgte Julius Cäsar. Dieser beherrschete Rom bis auf die Zeiten der Longobarden.

Nachher theilten sich die beyden Monarchen Ali und Omar in die Welt. Diese Theilung aber hatte geschichtliche Folgen. Denn man lernete von ihnen die Kunst Monarchien zu theilen. Pipin folgte ihnen bald heldenmüthig nach. Er stiftete die neue römische Monarchie. Ihm folgte Henrich der Vogelsteller, der Stifter der teutschen Monarchie. Dieser bevestigte Teutschland gegen die Barbaren. Er legte Städte, Schlösser und Schulen an.

Ihm folgte Maximilian, welcher die teutsche Sprache wichtig machte, und das Faustrecht zu hindern bemühet war.

Seine Nachfolger haben sich jederzeit bemühet, dieses Anherrn würdig zu seyn, und dieses ist der Grund, warum noch heutiges Tages eine Monarchie vorhanden ist, welche mit Recht die römische genennet werden kann.

Was sich seit der Theilung zwischen Ali und Omar zugetragen, was wegen Wilhelms des Eroberers, was vom *Godefroi de Bouillon*, von Peter dem Grossen und vom *Thomas Kuli Chan* zu sagen wäre; alles dieses ist nicht meinem Zwecke gemäß. Die Geschichte der Monarchien ist, in meinen Augen, nur etwas Uebertriebenes für die Privatpersonen, die die Geschichte zu einem Spiegel

Spiegel des Lebens erwehlen wollen. Ueberdem ist die so genannte wahre Geschichte so voller Ungewißheit und so wenig zuverläßig, daß ich zweifle, ob eine solche Geschichte den ächten Verehrern der Wahrheit angenehm seyn könne, wenn sie, statt ihren unersättlichen Wahrheitstrieb mit Wahrheit zu ersättigen, sich, bis auf den heutigen Tag, genöthiget sehen, bey jeder Erzehlung zu zweifeln, ob sie vollkommen richtig sey. Man lese nur unsere neuesten Geschichtschreiber. Sie beweisen alles aus den Schriften ihrer Vorfahren, die doch vor der Erfindung der Druckerey gelebet haben, wie kann man solche Beweise für überzeugend gelten lassen?

Wenn ich in dem Phädrus die Thaten des Wolfes und die Geschicklichkeit verschiedner Füchse lese, so lebet meine Wahrheitsliebe in mir. Warum? Alle Lehren des Phädrus sind vollkommen wahr, und niemand zweifelt an den Begebenheiten der Wölfe und der Füchse. Wahrheit! Wahrheit!

Man lese hingegen die Begebenheiten des Corsischen Selbstherrschers Theodors des Ersten, mit wie vieler Ungewißheit sind nicht die Thaten dieses Monarchen umhüllet! Man lese hingegen die Geschichte des alten Monarchen der Thiere und des scharfsinnigen Fuchses; so wird man, wie jener Kayser, die Geschichte nutzen lernen. Man wird sich mächtigen Gegnern niemals nähern, wenn sie auch noch so ohnmächtig zu seyn scheinen. Jedermann ersiehet aus diesem geringen Beyspiele, wie nützlich eine Geschichte seyn würde, wenn sie obbeschriebener Maßen eingerichtet würde;

wenn

wenn sie die Jugend, wie Phädrus oder Aesop, wie la Fontaine, wie Pfeffel, wie Lockmann und andere wahre Geschichtschreiber die ächte Wahrheit lehrete, die jeder Patriot und jeder wohlgesinnter Weltbürger in den Geschichten suchen und lernen soll.

Was Tacitus von den Teutschen aufgezeichnet hat, das verdienet der Unsterblichkeit und Monumente des Heldenvolkes teutscher Nation. Allein kann man sein Buch von den Sitten der Teutschen wohl ein Geschichtbuch nennen? Man zeige mir eine einzige Begebenheit, die mit den Begebenheiten zu vergleichen wäre, die nur die Muse der Geschichte so einnehmend zu erzählen weiß, daß sie wie Lieder des Linus und Orpheus Herzen zur Jugendliebe leiten. Blaße Beschreibungen der Sitten verpflichten zwar ein Volk zur Nachahmung, allein sie reizen es nicht, sie beleben es nicht, wie Geschichte, wie Gellerts Erzählungen, wie wahre Erzählungen wahrer und denkwürdiger Begebenheiten.

Doch, was sage ich von den Denkmählern, womit uns der große Tacitus beehret hat? Man halte meine dreuste Reden nicht für einen mindern Dank gegen einen Mann, dessen kluge Feder unserer Zeiten, vor Henrich dem Vogelsteller, der Vergessenheit entrissen hat.

Wir lagen damals, wie viele andere große und ansehnliche Völkerschaften unter dem Drucke der Unwissenheit. Nichts machte uns andern Völkern merkwürdig, als unsere große Aehnlichkeit mit andern wilden Thieren unsers Harzwaldes. Zwar ist es zweifelhaft genug, ob man deswegen nicht

einer lehrreichen Weltgeschichte.

nicht glücklicher sey, als die berühmtesten Unterthanen mächtiger Monarchen. Man liebte, man zürnete, man träumete, man lachte, man ruhete oder arbeitete, man strengete seine Seelenkräfte an, oder man bliebe in einer beliebten Gleichgültigkeit der Gedanken, wenigstens eben so gut, wie jetzt; nur daß es nicht nach den Gesetzen einer herrschenden Artigkeit geschahe. Die Unwissenheit ist nicht immer ein Mangel des Vergnügens und der Glückseligkeit.

Indessen bleibt es doch gewiß, daß die Abwechselung in den Materien des Vergnügens eine größere Glückseligkeit bestimme. Und diese haben wir unserm Henrich zu danken. Denn dieser gewöhnete uns zu einer vorher unbekannten Artigkeit (urbanitas ut vocant romana.) Dadurch wurden wir zwar nicht glückseliger, als wir zu des Tacitus Zeiten waren; allein, wir bekamen, nebst neuen Bedürfnissen, auch neue Mittel, eine vormals unbekannte Glückseligkeit zu befördern und neue Vergnügungen zu erfinden.

Henrich legte Städte an. Die Landleute vertauschten ihren Köcher und Bogen, ihre Pflugschaar und Egge, willig mit dem Senkbley der Maurer und andern Werkzeugen städtischer Künstler; sie vertauschen aber auch die anmuthige Freyheit und Ungezwungenheit des Landlebens gegen die artige Knechtschaft feinerer Sitten. Man lernete mit Fleiß die Kunst, seine Tage regelmäßig durchzuleben. Vormals berathschlagte und unterredete man sich unter alten Eichen, über die Fruchtbarkeit des Erdbodens; nun besprach man sich von Stadtangelegenheiten, von Mauern,

Pfläster,

Pflaster, Brücken, Wegen, von Gebräuchen, von Künsten, Wissenschaften, Artigkeiten. Ein wohlanständiger Stolz verschönerte das Stadtleben, ein Stolz, den sonst kein Teutscher erfahren hatte. Die Nacheiferung ward eine städtische Tugend, und der Landmann wurde nun ein Bauer genennet.

Solchergestalt entstanden Bürger und Bauern. Die Herzoge, die noch auf dem Lande lebten, fiengen an, eine vormals unbekannte Empfindung dieses Unterschiedes zu fühlen. Ihre Neugier lockte sie nach der Stadt. So entstanden die Edeln und Freyen in den Städten.

Nun fand sich auch der Rang und die daher entstehende Unruhe in den Städten ein. Diesem unerlichen Kriege widersetzten sich der Mittlern Bürger. Man hielt auf Einigkeit und der Hausfriede war das Gesetz, wornach Städte ruhig erhalten wurden.

Die Schulen in diesen neuen Städten waren noch so, wie sie Carl den Teutschen aufgezwungen hatte, das ist, wenig und böse. Heinrich suchte diesem Uebel abzuhelfen; starb aber kurz darnach. Ihm folgte Otto der erste.

Die Merkwürdigkeiten der damaligen Zeit, sind von verschiedener Art, so wie sie es noch bey unsern Tagen zu seyn pflegen. Mir gefällt aber unter andern nur die Begebenheit des Vogelstellers, die er einige Jahre vor seiner Erhebung zur kayserlichen Würde, bey Gelegenheit einer seiner gewöhnlichen Belustigungen hatte. Es hatte nemlich unser mächtigster Anherr das Vergnügen, einen sehr schön gefiederten Vogel zu berücken. Seine ne Verwunderung aber übertraf die Freude, so er deswegen empfand. Denn kaum hatte er den schönsten Sänger in seiner Hand, so fieng er, an statt daß andere schreyen und flattern, mit der größten Ruhe und Anmuth an, ein recht englisches Lied zu singen. Der großmüthige Henrich schenkte ihm so gleich seine Freyheit. Du bist, sagte er lächelnd, trautes Vögelchen! du bist würdig deine Freyheit zu schmecken. Aber, was geschahe. Der Vogel nahm zwar mit einem sanften Schwunge seine Freyheit weiter; allein Morgens drauf, als Henricus, wie gewöhnlich aus seinem Fenster die anbrechende Morgenröthe betrachtete, so hörete er sein Vögelchen, auf einem nahen Baume des Schloßgartens, ein recht rührendes und anmuthsvolles Morgenlied singen. Und solches wiederhohlte dieses seltsame Thier alle neue Morgen, bis an den Tag, da dem künftigen Monarchen die Kayserkrone aufgesetzet wurde. Denn an diesem Morgen sang er unnachmend schön; schwang sich einmahl gleichsam liebkosend vor den Augen seines Wohlthäters, und in einem Augenblick sank er sterbend zu Boden.

Einige alte Druiden oder Barden, die sich, nahe bey dem Heerde des Kaysers in dem Hayne, aus einem Triebe ihrer alten heydnischen Einfalt, mit Betrachtungen der Lehren des Zerduscht und anderer geheimen Wissenschaften, zu der Zeit pflegten, begaben sich freywillig zu dem neuen Kayser, so sehr sie auch für allen Menschen zu fliehen gewohnt waren.

„Glück zu, sagten sie, großer Stifter neuer „Tugenden der Tuiskonen und Germanen! Wis-

B

..k, daß nun die Seele deines besten Freundes ruhet, nachdem sie dich dreymal Würde antreten gesehen, die sie dir von undenklichen Zeiten her gewünschet hat.

Der Kayser bemühete sich vergebens diese wunderlichen Weisen zu bewegen, bey seiner Hofstatt die höchsten Würden zu bekleiden; sie baten nur um gnädigen Schutz, ihre einsamen Betrachtungen weiter fortzusetzen, und in ihren angenehmen Wildnissen die Geheimnisse der Schicksale zu beschauen. Sie nahmen auch keine andere Geschenke an, als eine Feder von dem treuen Vogel. Was sich mit unserm würdigsten Henrich weiter zugetragen, solches lehren tausend Geschichtbücher, und eben so viel Ehrenmähler.

Sein Nachfolger Otto der Erste, oder der Grosse, war im Begriffe, alles unnütze Schwören bey hoher Strafe zu verbieten; allein einer seiner geheimden Räthe versicherte ihn, daß dadurch alle artige Gesellschaften unendlich leiden würden; und darum blieb es bey dem alten Herkommen im teutschen Reiche teutscher Nation.

Otto der Zweyte der bleiche Tod der Saracenen lernete die Regierungskunst unter der Anführung seines grossen Vaters. Sein Heldenmuth, seine Klugheit, die Hoheit seines Geistes zeigeten sich zu Wasser und zu Lande, gegen alle angrenzenden und einheimischen Feinde seiner Majestät.

Otto der Dritte ist uns, wegen seiner gnädigen Gesinnung, die er mit unendlicher Weisheit zu verbinden wußte, vorzüglich merkwürdig. Ihm haben die Stände von Teutschland den Grund zu einer

einer freyen Kayserwahl zu danken, und die polnischen Herzoge den Glanz der Majestät.

Heinrich der Dritte war ein Held.

Conrad aus Francken. Zu seiner Zeit fieng man an über die fränckschen Gesetze zu disputiren, und man disputiret noch darüber. Sein Sohn Heinrich der schwarze. König Peter von Ungarn wurde durch seinen tapfern Arm, bey seiner Krone erhalten.

Henrich der Vierte konnte sich mit der Gräfin Mathildis nicht vertragen. Das hat ihm viele Noth gemacht.

Heinrich der Fünfte war ein schwacher Heiliger. Man sagt, sein Vater habe ihn, in der andern Welt, eben so empfangen, als Carl der Fünfte seinen Philipp, nachdem er Paris unbekannt gelassen.

Lothar wurde durch die Stände des Reichs erwehlet, da Henrich keinen Thronerben hinterlassen hatte. Bey einem Zuge nach Apulien fand sich das weltbekannte römische Recht, welches der Kayser wieder zu seiner ehemahligen Gültigkeit erhub, und daraus gleichsam einen Grund und Richtschnur aller andern Gesetze machte.

Conrad der Dritte aus Schwaben folgete dem damaligen allgemeinem Triebe frommer und wenig denkender Christen, einem Triebe das gelobte Land zu erobern. Wie unglücklich er dabey gewesen, wie treulos man ihm begegnet; solches findet sich in den Monumenten oder vielmehr in den Ruinen des orientalischen Reiches.

Diese Periode ist nicht minder merkwürdig als jene grosse Völkerwanderung. Ein allgemeiner Trieb, ein kleines Stückgen Land zu erobern, womit die heutigen Ueberbleibsel des Hauses Israel kaum zufrieden seyn würden, wenn sie nemlich darinn, nach europäischem Brauch und Geschmacke, mit Vergnügen und Bequemlichkeit leben wollten, ein Trieb, sich in die Schatten der Rehabeam zu theilen, erregte die gesittete Hälfte der Geisterwelt. Der Beyspiele der ersten Verunglückten war kein Mittel die folgenden Ritter abzuhalten. Einer der größten Fürsten, dessen Heldenbemühungen unzählig sind, betrat auch diese gewiesenen und mit Fürstenblut bezeichneten Fußtapfen seines Vorgängers.

Friedrich mit dem rothen Barte starb, wie der grosse Alexander hätte sterben müssen, wenn er seinem Arzte nicht mehr, als falschen Nachrichten, hätte glauben wollen.

Henrich der Sechste. Zu seiner Zeit entdeckte man viele geheime Dinge, die sich in den besten Familien sollen zugetragen haben, und welche die Abwesenheit der Fürsten so wohl, als des mannhaften Adels, veranlasset haben soll. Z. B. Es hatte sich eine junge Dame, deren Herr unter Conrad dem Dritten mit ins gelobte Land gegangen war, nach erhaltener Nachricht von dem Tode ihres Gemahls, mit einem mannhaften Ritter vermählet. Da dieser aber mit Kayser Friedrichen auch ins gelobte Land gezogen, und, wie es hieß, geblieben war; so vermählete die Wittwe sich, im hohen Alter, nochmals mit einem Creutzfahrer, von dessen Schicksale sie gleiche Nachricht erhielt und sich nochmals vermählete. Nachdem nun Henrich in Messina, wie bekannt, verstorben war;

war; so erscheinen unverhoft die drey ersten Eheherren, und man versichert, sie haben ihr Recht dem letzten Besitzer gutwillig überlassen.

Drey bis ins Grab! das heißt du seyn.

So weit geht deine Pflicht,

Und weiter nicht.

Philipp bemühete sich hauptsächlich für die Erziehung der Jugend; daher er zugleich auf die Beiche der Vormundschaften und die Einrichtung des Schulwesens ein sorgfältiges Auge hatte. Teutschland war, in Absicht der Gelehrsamkeit, noch eine zarte Pflanze, die die Mühseligkeiten des ersten Wachsthums (Vegetatio) ausstand. Die Vernunft, Witz und Geschmack waren noch in ihrem Keim gleichsam verhüllet, und man sahe nur unter wenigen Glückseligen, die ersten Sprossen der teutschen Fertigkeit.

Was ist es also Wunder, wenn ein wohlgesinnter Landesvater für den Wuchs dieser Schönheit Sorge trug? Die Anstalten, welche man deßfalls verfügte, waren den damaligen Kräften der teutschen Welt gemäß und proportioniret. Man begnügete sich mit den Vortheilen der Sprachkunde, welche durch ihre Uebungen den Verstand unvermerkt bearbeitet und zu edleren Bemühungen geschickt machet. Bey der Erziehung sahe man nicht auf eine ederate Artigkeit und ausländische Unruth, die die damaligen Teutschen eben so wenig hegen konnte, als einen ernsthaften Mann die Kleidung eines jungen und artigen Frauenmannes ziert. Nein, wo man in etwas übertrieben war, so bestand es darinn, daß die erste Jugend schon, wie alte Bartmänner, an die

Regel:

Renel: Ein Wort, ein Mann! gebunden war. Der Geist der Unerschrockenheit, die standhafteste Treue, die Verachtung der Kleinigkeiten und der Ruhbarkeit oder die Fertigkeit zu dem Wohlseyn des Ganzen das Seinige, nach alten teutschen Brauch und Sitten, beyzutragen; das war die ganze Sorge der Vormünder, Väter und Erzieher.

Otto der Vierte ist bey uns besonders dadurch merkwürdig, daß man bis auf den heutigen Tag nicht erfahren können, an welcher Krankheit er gestorben. Ich vermuthe, daß er mehr als einen Leibarzt gehabt, die sich nach seinem Tode nicht vereinigen können, die (caussam morbi) d. i. die Ursache des Todes zu bestimmen.

Friedrich der Zweyte und Conrad der Vierte erlauben nicht schöne Gedanken; besonders, da der Hintritt des Letzteren das schändliche Interregnum nach sich zog. Ganz Teutschland schien der Kraft sich selbst zu beherrschen beraubet zu seyn. Bald sucht' man in Spanien, bald in Engelland, bald ich weiß nicht wo, einen Herrn, einen Herzog der Germanen. Und dieser vaterlose Zustand wahrete drey und zwanzig Jahre.

Endlich wurde man dieses Regimentsanstandes überdrüssig und die Churfürsten, deren damals sieben waren, wählten

Rudolph von Habspurg. Er war aber ein wenlicher Kriegesmann, und soll so gar den Geistlichen in der Schwebt das Kriegshandwerk gelehret haben. Hätten wir diesen Schweizer nicht gehabt, wir hätten wohl noch keinen Kayser. Zu seiner Zeit erfand ein Mechaniker die Kunst, das

Umstch-

Unsichtbare sichtbar zu machen. Ja, zu seiner Zeit erfuhr man erst, daß es in Siebenbürgen Teutsche gäbe, die sich, bey Gelegenheit der heilsen Kriege, unter Anführung eines Rattenfängers von Hameln, daselbst häuslich niedergelassen hatten.

Merkwürdig ist, was die so zweifelhafte Geschichte von der Vermählung Rudolphs mit der jungen Agnese anmerket. Wenn es wirklich an dem ist, so preise ich die damaligen Teutschen glücklich, daß sich das höchste Menschenalter und die zarteste Jugend, so gar auf dem Throne, vertragen.

Adolph von Nassau und Albert der Erste schrecken die Einfalt durch ihre Schicksale. Kurz, die Zeit der unterschiedenen Häuser hat viel Aehnliches mit dem drey und zwanzigjährigen Regimentsstande. Wie hätten sonst die Kinder des Omar und Ali so mächtig werden können? Wie hätten sich die treugesinnten Schweizer entschliessen mögen, von einem heiligen römischen Reiche abtrünnig zu werden?

Henrich der Siebende bewährte diese Wahrheit zum Schrecken aller Völkerschaften. Barbarisches Zeitalter!

Ludewig von Bayern ehrte seinen Schwappermann höher als sich selbst. Das ist die Beutklugheit, die man noch zu unsern Zeiten bewundern würde, wenn man die Erhaltung der Kayserkronen so blutig erfechten müßte, wie Ludewig und Schweppermann. Doch vielleicht geben wir heute bey Tage noch das letzte Ey, um einen schönen Gegner zu fangen.

Carl der Vierte. Zu seiner Zeit wurde der Zustand von Teutschland in der Hölle bekannt; deswegen soll eine Furie, in der Gestalt des Bartbold Schwarz, das Pulver erfunden haben. Das Wichtigste dieser Zeit ist die güldene Bulle, wodurch Teutschlands Wohlfahrt ausserordentlich befördert worden. Ach! wenn man nur mehrere gute Verordnungen mithinnen hätte! Warum dachte doch Carl nicht auch an eine güldene Bulle über den Landfrieden, die Reichscasse, und über die ewige Wahlkapitulation? Vielleicht (repetirte) oder vielleicht war das Reich damals noch in einer Gährung seines Wachsthums; vielleicht waren ihm unverbrüchliche, stete, veste und vernunftmäßige Verordnungen, wie dergleichen güldene Bullen, noch allzuheftige Triebe der Glückseligkeit! Es mag wohl mit den Staatskörpern, wie mit den Pflanzen seyn. Allzuviele Wärme zerstöhret ihren Wuchs eben so leicht, als der Mangel derselben. Ein Reich, ein Volk braucht Zeit, daß sich, in ihm, alle Tugenden, Schönheiten und Glückseligkeiten entwickeln, und wie in der Aloe und andern edlen Pflanzen, zur Verwunderung, in die angenehmsten Blumen oder Früchte vertheilen. Vielleicht sind vollkommene Reichsgrundgesetze nur Dinge, die man, wie die Quadratur des Cirkels und die Goldtinctur, immer hoffen, aber niemals ganz erreichen wird.

Wenzel. Zu seiner Zeit erwachte das Reich von seinem langen Schlummer. Der Geist der Welschen nahm wieder seinen Sitz in kronenwürdigen Gemüthern.

Sigis-

einer lehrreichen Weltgeschichte.

Sigismund. Zu seiner Zeit kam die lateinische Sprache in Aufnahme, dergestalt, daß eine ganze Kirchenversammlung über eine unrecht gesetzte Sylbe zu lachen gereizet, die Gesetze der Sprache für unabänderlich erkläret und der kleineste Sprachfehler mit ewiger Landesverweisung bestrafet; ja, zum Behuf dessen, als ein Verbrechen beschrieben würde; wenn man auch noch so etwas Schöners mit einem fehlerhaften Worte gesaget hätte. Wachsthum der teutschen Völkerschaft! Was kann Schöneres gefunden werden, als ein: Nolo unsem schismam in religione! Diesen schönen Fehler auszurotten beschloß man, auf der baseler Kirchenversammlung, sich, in Zukunft alle zehn Jahre wieder zu sehen. Und eben darum beschloß man auch, daß die Kirchenversammlung über den Pabst seyn, und den Rang in allen Sprachfehlerangelegenheiten haben sollte.

Solchergestalt kam man in Teutschland wieder zu sich selbst. Das Wachsthum gieng zu Ende. Man fand einen ächten Teutschen, bey dessen Hause man bleiben wollte. Eine allgemeine Liebe vereinigte unsere Väter, sich einem Erzherzoge anzuvertrauen.

Albert der Zweyte, der vortrefflichste Prinz, J. J. der Kronenwürdige, ward in kurzer Zeit Kayser 1439 der Germanen, König in Ungarn und König in Böhmen. Sein allzufrühzeitiger Tod ist das einzige, womit er sein Volk betrübet hat. Zu seiner Zeit finde ich, nach unserm Zwecke, nichts würdigers, nichts betrachtungswürdiger, als die ausnehmende Freude so vielerley Völker, über die Vortrefflichkeit ihrer getroffenen Wahl; und

nichts

nichts rührender, als ihr allerstrenges Betrüben über den Verlust ihres großen Fürsten. Ihm folgte

33. 1440 Friedrich der Dritte, bey andern der Vierte, b.w. beynahe so lange als August, die Last der Kayserkrone getragen, sie aber, vermöge seiner sanftmüthigen Denkungsart, vielleicht noch weniger als jener kronenwürdige Diktator empfunden. Den Anfang seiner Regierung fenret die gelehrte Welt. Denn dieser Zeitpunkt ist den Schriftverfassern merkwürdig. Jedermann weiß, daß wir ihm die Erfindung der Druckerey zu danken haben. Friedrich hat mit den Schweitzern und Ungarn Kriege führen und in Teutschland die Ruhe bewerkstellen müssen. Kaum war er durch die päbstlichen Krönung in der völligen Sicherheit wegen seiner hohen Würde; als er durch die Waffen der mißvergnügten Ungarn beunruhiget wurde. Allein dieses Wetter gieng vorüber. Und als hernach die ganze Welt in Krieg und Unruhe gerieth, so genoß dieser Friedliebende den Zweck seiner Wünsche, eine dauerhafte Ruhe. Er vermählete auch seinen Sohn und Thronfolger mit der burgundischen Erbin Maria, deren ansehnliche Fürstenthümer, die einem Königreiche zu vergleichen waren, der muthige Maximilian gegen die Ueberlegenheit der französischen Macht, zu vertheidigen und zu behaupten wußte. Dennoch erfuhr auch Friedrich die Unbeständigkeit aller menschlichen Vergnügen, durch die glücklichen und heftigen Bemühungen eines Matthias von Ungarn; ob er gleich selbigen Einhalt zu thun verstand. Er starb im vier und funfzigsten Jahre seines

seines Reiches, nachdem er eines der grausamsten Hülfsmittel zu seiner Erhaltung, die Ablösung eines Fusses, angewendet hatte.

Ihm folgte Maximilian, ein Herr von sehr löblichen Eigenschaften, die sich in der Vorsorge für die Wohlfarth des Reiches zu vereinen schienen. Er legte zu Worms, in einer Reichsversammlung, das Cammergericht an, nachdem er die Beleidigung seines Herzens an einem achten Carl von Frankreich gerächet hatte. Mit den Schweizern gab es einige unangenehme Handlungen, die sich aber dennoch durch einen beliebten Frieden endigten.

Dieses Jahrhundert war der Zeitpunkt, darinn der Erbfeind des christlichen Reiches sich zu nähern anfieng. So entstand vormals eine persische Monarchie unter einem Cyrus; wie die ottomannische unter der Anführung eines Propheten. Die Griechen sahen es eben so wenig voraus, als wir, daß einmal ein Darius, ein Xerxes, ihre Tapferkeit rege machen würde. Dennoch hat die Folge uns belehret, daß auch der kleinste Staat, wo Helden wohnen und gebildet werden, seine Erbfeinde finde, die mit ihm zugleich gebohren zu seyn scheinen. Persien war der Erbfeind von Athen und Sparta, so wie es die Türken von Constantinopel und Wien, von dieser Zeit an, geworden sind. Jenes wurde von Mahomed dem Zweyten im drey und funfzigsten Jahre dieses funfzehenden Jahrhunderts erobert, Trapezunt im ein und sechzigsten, und dieses sahe die Schrecken herannahen, die seine Mauern erschüttern sollten. Das griechische Reich der christlihen Völkerschaft war zerstöhret. Sein Lebensfaden war abgeschnitten. Das abendländische Theil unseres Erdenballes war noch übrig, der Frechheit zu widerstehen. Es fand sich ein Castrioca, ein Johann Hunniades, ein Ussan Cassan, die diesem schrecklichen Mahomeths zu widerstehen muthig waren. Johann Corvin Hunniades erwarb sich die Unsterblichkeit, da er die Vormauer der Christenheit zu behaupten wußte.

Dennoch fehlte es in diesem Jahrhunderte nicht an blutigen Uneinigkeiten unter den abendländischen Christen. Wie wenig ist doch die Religion an den Kriegen der Mächte von Europa Schuld! Frankreich und Engelland schienen mit dem Tode zu ringen. Die Jungfer von Orleans übertraf bey dieser Gelegenheit die so berühmte Lucretia. Denn diese stürzte, durch ihre Tugend, Könige vom Throne herab, jene erhielt ihren Landesvater Carln den Siebenden. Sie bekam den verdienten Lohn aller wahren Tugend, wie es die Weisheit dieses Jahrhunderts hoffen ließ. Denn Johanna von Ark wurde als eine Hexe verbrannt. Zum guten Glücke waren es nur die Freunde der gallicanischen Kirche, die sie verbrannten. Sollte man heutiges Tages so etwas von einer Völkerschaft vermuthen, die jetzt, durch ihre freye und Gelehrigkeit Denkungsart, die rauhen Sitten ihrer Voreltern gänzlich verdammet? Der Nachkommen der Unmenschen, die eine Joanna d' Arc verdammet, mögen ihr Ehrenschulen aufrichten, und jährlich einmal um sie weinen! Durch sie ward nicht allein die Krone von Frankreich, auf dem Haupte eines rechtmäßigen Besitzers erhalten;

halten; sondern Ludewig der Elfte sein Sohn und Nachfolger brachte es so gar dahin, daß Frankreich eine Regierungsform bekam, wobey es sich am glücklichsten befindet, die uneingeschränkte Gewalt eines Königes. Diejenigen Staaten sind die glückseligsten, wo man am wenigsten befugt ist, über die Landeseinrichtung zu vernünfteln, und wo man dennoch alle Freyheit behält, vernünftig, schön und erhaben zu denken.

In den Niederlanden sammlete ein guter Philipp und ein kühner Carl so viel Vermögen, als ein Maximilian zu brauchen wußte.

Spanien wuchs zusehends unter einem katholischen Ferdinand. Columbus fand ihm eine neue Welt.

Gama entdeckte den Weg um das Vorgebirge der guten Hofnung. Die Schätze von Ost- und Westindien wurden ein Erbtheil des österreichischen Erbnehmers, indem ein schöner Philipp, der Sohn unsers glücklichen Maximilians, sich mit der Erbin dieser Schätze, Johannen von Spanien vermählete.

Maximilian starb nach einer sechs und zwanzigjährigen Regierung; weil auch die glücklichsten Fürsten der Sterblichkeit unterworfen sind. Ein Jahr vor seinem Tode fieng Luther an, die Vernunft zu predigen.

Nach ihm regierete Carl der Fünfte, in Spanien der Erste.

Um diese Zeit entstand der grösste Streit unter den Naturkündigern, dessen Entscheidung gewiß! der Ewigkeit vorbehalten seyn wird. Eben lange lag die Welt unter dem Joche der Aegypten.

Schon

Schon lange hatten sich geschickte Zweifler gefunden. Dennoch war es unmöglich, dem verblendeten Haufen die Augen zu öfnen. Der Oberste der Adepten blieb der Mächtigste unter den Naturkündigern, seine Schätze nahmen täglich zu, und folglich auch seine Verehrer. Diese sezten, wie es bey dem magno Mysterio zu gehen pfleget, alles das Ihrige zu, und welches zum Erstaunen! blieben nicht minder Verehrer und Anbeter der Adepten und ihrer Geheimnisse. Die Herren Carls der Fünften waren dazu bestimmet, diesem Uebel Einhalt zu thun. Ein junger aber sehr gründlicher und besonders muthiger Naturkündiger sezte sich dem höchsten Adepten und seiner ganzen unzählbaren Kriegermacht entgegen. Er verbrannte öffentlich das Buch des grossen Geheimnusses; zahlete ferner nicht allein keinen Tribut, sondern ließ auch einen nicht kleinen Schatzkasten des Obersten Adepten plünd rn. Heraus entstand ein entsetzlicher Wortwechsel, und zuletzt gerieth man sich so gar in die Haare; ja man schwur eine ewige Feindschaft zu unterhalten. Dieses war auch nicht übel; denn durch die Feindschaft der Herren Gelehrten ist schon manche schöne Wahrheit mehr, als in ihrem Frieden, erfunden worden.

Carl der Fünfte.

Monarchen, hört mir zu. Es singt ein Fürst.
　　　　Ein Kayser,
Dem Könige gebeut; der Könige bezwang.
Noch grünt sein Palmenbaum; noch grünen Lor-
　　　　beerreiser,
Damit sein Grabmahl prangt. Hört, Fürsten,
　　　　den Gesang.

　　　　* * *

So oft mein Geist die Last erhabner Würden wä-
　　　　get;
So oft fühlt meine Brust die Last der Eitelkeit.
O Fürsten, wüstet ihrs, was diese Angst erreget;
Ihr würft die Zepter hin, die euch die Vorsicht
　　　　leiht.
Ja, Vorsicht, ists ein Fehl, die Kronen zu verachten,
　　Die du den Fürsten leihst. So ists doch eine Last,
HErr, deiner Gottheit gleich, als Mensch, an Ehren,
　　　　zu schmachten.
　　HErr, du verzeihst den Fehl. Dich rührt des
　　　　Knechtes Last.

　　　　　　　　　　　　　　Wenn

Wenn sich des Lichtes Fürst in kühle Fluthen senket,
    Da, wo mein Alem geherrschet, bey der Erlösten Schaar,
Der du, Allmächtiger, des Glaubens Licht geschenket:
    Sy ruhe mein trübdes Land.   Noch weck't noch die Gefahr,
Erwägts, ihr Herrlichen, die ihr mit Kronen pranget,
    Welch drohende Gewiche auf euren Scheiteln schwebt.
Ihr, die ihr heiß von Geer, nach Ruhm und Zeptern ranget,
    Wem habt ihr nun gesiegt? Wem habt ihr je gelebt?
Empfandet ihr die Lust, die niedre Hütten füllet?
    Wo, nach vollbrachtem Fleiß, ein Hirte sicher ruht,
Wenn er so sanft entschläft, da wo ein Bächlein quillet?
    Was nützt der Throne Glanz, der Fürsten Ruhm und Gut?
Zwar murret nicht mein Herz, o HErr, bey deinen Schlüssen.
    Ost selbst du Könige und sprichst: im Zion. regiert!
        Dein

einer lehrreichen Weltgeschichte.

Dein Urtheil ist stets gerecht. Und wenn wir wei-
  gen müssen,
So ists auf dein Geheiß, HErr, der die Schaa-
  ren führt.
Oft lohnst du ein Land mit siegenden Re-
  genten.
Ein siegender Monarch bestraft und lohnt zu-
  gleich.
O, wenn mich nur dereinst die Enkel fromm nenn-
  ten!
HErr, segne deinen Carl und sein verwaystes
  Reich!
Dein Trieb beseelte mich. Ich gieng von Sieg zu
  Siegen.
Mein Arm, vom Strahl befeurt, der um den
  Wagen blitzt,
Darin du siegreich fährst, mit schneller Winde
  Flügen,
Der Arm sinkt nun dahin, der sonst dein Volk
  geschützt.
Der Waffen wilder Klang, das Jauchzen muth-
  ger Heere,
Das muntre Feldgeschrey, der Mörser Don-
  nerwort,

E   Die

Der Flotten mächtiger Schwung, das Brüllen wilder Meere,
Ergötzt mich nun nicht mehr. Mein Geist erblickt den Port,
Dahin du, Ewiger, den milden Fürsten führest,
Der Die mit Ruhm gedient. Hier leg' ich Schwerdt und Kron,
HErr, der du dort im Reich der Ewigen regierest!
Vor deinem Altar hin, vor deinen lichten Thron.
Gehabt euch wohl. Lebt wohl, ihr Fürsten, meine Brüder!
Hier liegt die prächtige Last, der Diademen Band.
Ihr Throne lebet wohl. Ich seh euch niemals wieder.
Der Friede schwebete euch. Gesegnet sey mein Land.
Zwar rühren meine Brust die Ströhme treuer Zähren.
Ihr Redlichen! die ihr dort weint und heimlich klagt.

einer leberreichen Weltgeschichte.

Der Himmel wollte mir zum Lohn die Ruh ge-
  währen,
Die mir der Throne Stern, die eitle Pracht,
  versagt.
Ihr Völker! weinet nicht. Ihr Zeugen meiner
  Sorgen!
Ich sah auch euch, mit Muth in die Gefahren
  gehn.
Der neue Fürst besteckt, wie ein belebter Mor-
  gen,
Des teutschen Adlers Brust und mein Böhe-
  rien.
Von fernen Ufern, dort, die Maas und Schel-
  de netzen,
Bis an des Tagus Schlund, der Flotten in
  sich sauge,
Die jene neue Welt in Schreck und Ehrfurcht se-
  hen,
Wo noch des HErren Schwerdt und blutger
  Altar raucht,
Hab ich mit Fleiß und Muth, viel Völker treu
  regieret,
Gesucht, geliebt, gefürcht, wie man die Für-
  sten ehrt.

C 2

Ich habe, als ein Held, die Krieger angeführ-
 ret,
 Und nur ein Maal gefent, das keine Zeit ver-
  heert.
Viel Helden dienten mir, mir dienten Fürsten-
 kinder,
 Für mich verspritzten sie Europens bestes
  Blut.
Und rühmt ein Monument auch als den Ueber-
 winder;
 So forsche nur weiter nach; man rühmt auch
  ihren Muth.
Doch nun ists gnug gewagt. Erlaubt dem mü-
 den Greisen,
 Ihr muthgen Krieger! einst die längst gewünsch-
  te Ruh.
O Helden, weinet nicht, gleich vaterlosen Wap-
 sen.
 Eilt, ruft den Fürsten Glück und frohe Wün-
  sche zu
Lebt wohl, ihr Redlichen! ihr auserlesnen Schaa-
 ren!
 Die ihr, mit Geist und Blut, euch rettelich
  beschützt.

Die

Die ihr, wie's Helden ziemt, im Feuer der Ge-
fahren,
Die Strahlen abgelenkt, die auf mein Haupt
geblitzt.
Ja, ich beschwere euch, beym Glanze eurer
Ahnen,
Ihr Ritter, die ihr mir der Ruhe Lust ver-
sagt.
Und ihr, Geschwader! seht, hier sind die blut-
gen Fahnen,
Die euch geführt, als ihr das Heldenblut
gewagt.
Seht, nehmt sie fröhlich hin, die Zeichen eurer
Ehre.
Die Kronen sind versagt: ich leg sie willig
hin.
Bant dankbarlich, wie mir, den Fürsten die Al-
täre,
Und huldigt ihnen froh, mit treugewohntem
Sinn.
Du aber, stiller Ort, der meine Ruhe näh-
ret,
Du heil'ger Ort, nimm mich in deine Stil-
le ein.

In der will ich vergnügt, bis mich die Zeit verzehret,
Einsiedlerisch vergnügt, wie Schäfer, glücklich seyn.

* * *

So sprach ein mächtger Carl, ein König vieler Fürsten.
Er wehlte die Einsamkeit für stolzer Thronen Pracht.
O eitler Wahn, nach Kron, nach Ruhm, nach Zeptern dürsten!
Der Freuden zarter Thau flieht vor der Sonnen Macht.

Der alte Coyer sagt: Man wußte, zu den Zeiten Carls des Fünften noch, wenn man unter den regierenden Herren den Preiß geben sollte, Franz dem Ersten, Sobiesky oder ihm.

✺✺✺✺✺✺✺✺✺✺✺✺

Nacherinnerung.

Ich zweifle nicht, sagt der Meister in Erzählungen, daß die meisten Leser meine Geschichte für niedrig und meine Mundart für unwürdig halten werden, hohe Personen merkwürdig zu machen. Ich mache mir ein Vergnügen daraus, ihm dafür, von dem meinigen, nachzusagen. Mein Endzweck war weder einen Nepos noch einen Curtrop zu übertreffen. Ich wollte nur die gelehrte Welt demüthigst bitten, der Jugend die Geschichte leichter und interessanter zu machen, und denen, die mich nicht recht verstünden, ein geringes Beyspiel geben. Man wird sich also nicht wundern, wenn man in diesen Blättern ganze Reihen Fürsten findet, von denen nichts gesaget worden. Das was man hätte sagen können, findet man in allen Geschichtschreibern. Wer es nicht glauben will, der lese einen Letz, ein Universallexicon u. a. m. so wird er hinreichende Nachrichten erhalten. Allein dieses war nicht unsere Absicht, Dinge zu erzählen, die schon unzählichemale erzählet sind. Nein, man wollte nur die schöne Geisterwelt ein wenig regen, sich die wahre Geschichte, dem wahren Charakter der Menschen empfohlen seyn zu lassen. Man wird dadurch die Jugend angewöhnen, die Geschichte als einen nothwendigen Stoff der Vernunft, des Witzes und der Artigkeit anzusehen. Man wird ihr unvermerkt die gefährliche Lust des politischen

C 4 Ver-

Betrachtungen benehmen; man wird sie belustigen und klüger machen. Ein schöner Geist lehret uns mit einem entscheidenden Tone. Wenn also einmal ein schöner Geist die Geschichte für die Jugend, so wie Herr von Voltaire für Gelehrte, beschriebe; so würde sie die Geschichtskunde weder zum ausschweifenden Loben noch zum Verdammen ihrer Helden verleiten. Und diese Kunst besitzen die wenigen Alten. Man lese nur die Sallustte, die Nepoten, die Curtope, die Justine! Sie rühmen und tadeln zwar, doch ohne eigene Entscheidung und erzählungsweise, quasi loquente voce populi. Der Trieb das richterliche Amt zu führen ist eine Krankheit bey den Geschichtschreibern, die ihnen oft gefährlicher ist, als die Fehler der Helden dem Staate, den sie zu beschreiben sich unterwunden haben. Dennoch aber bleibt es ausgemacht, daß eine etwas richterlich geschriebene Geschichte immer lehrreicher ist, als eine treue Wiederholung aller Geschlechtsregister der Kinder Israel und anderer Gruppe von Geschichten. Beklagungswürdige Jugend, der man es zum Gesetze macht, statt Thaten, Betrachtungen und Begebenheiten, Namen und Jahrzahlen zu erlernen!

Da die Geschichte des Geistes, mit den Thaten der Helden und mit den weisen Verfügungen der Monarchen, auf das genaueste verbunden ist; so ist es billig, daß man der Jugend auch von den Schicksalen der Gelehrsamkeit einen solchen Abriß in die Hände gebe, den sie zu lesen und zu behalten fähig ist. Man verschone sie aber mit Dingen, die sie ohne tiefes Nachsinnen nicht erreichen

reichen können. Eine Geschichte der Gelehrten oder der Gelehrsamkeit setzt mehr voraus, als es viele Geschichtschreiber vermuthen. Ja, es scheinen dieselben gleichsam zu fodern, daß man nicht eher die Thaten der Gelehrten und die Schicksale des Geistes verstehen solle, bis man sich in einer der Hauptwissenschaften hinlänglich vest gesetzet, um die Monumente der schönen und erhabenen Geisterwelt zu entdecken. Dieses heißt aber der zarten Jugend das Joch der Unwissenheit unerträglich machen und sie verleiten, blindlings eine Wissenschaft zu erwählen, welche sie vielleicht nicht erwählet haben würde, wenn sie eine hinreichende historische Kenntniß von den Vorzügen einer jeden Wissenschaft gehabt hätte. Die Geschichte der Gelehrsamkeit hat also billig einen allgemeinen Abriß von der Gelehrsamkeit zum Voraus, wie ihn Stockwegel, Nettelblatt u. a. m. zu geben, sich bemühet haben.

Welcher Freyer wird sich wohl mit der Geschichte der schönen Kinder eher beschäftigen, um sich eine schöne Hälfte zu wählen, ehe und bevor er weiß, was freyen, und was der Ehestand ist?

Ist aber nicht die Verbindung des Geistes mit einer Gattung von Kenntnissen eine wahre Ehe? Ein unauflösliches Band? Wie mancher hat es bereuet, daß er ein Priester, ein Advocat, ein Arzt oder gar ein Weltweiser, und welches noch gefährlicher ist, ein schöner Geist zu werden sich entschlossen, ehe und bevor er gewußt, welche Schlangen unter diesen Rosen verborgen liegen?

So bald wir uns geschickt befinden, einen Vernunftschluß in Barbara von einem in Ferio zu unterscheiden; so glauben wir kühnlich, die ganze Weltweisheit sey für uns geschaffen. Kaum haben wir die Fertigkeit erreichet, einige unfühlige Gedanken in Verse mit oder ohne Reimen zu verwandeln; so halten wir uns für begeistert und für gebohrne Dichter. So geht es aber mit allen andern Wissenschaften. Die Anfangsgründe sind für iedermann; die Folgen aber machen Weise und Thoren.

Warum lehret man aber nicht der studierenden Jugend vor allen Dingen diese Eigenschaft der Gelehrsamkeit? Warum läßt man ihr nicht beydes, Nutzen und Nachtheil, dieser Gabe des Geistes, voraussehen? Die sich der Gelehrsamkeit widmen, sind Kinder wie andere Kinder. Sie erwählen das glänzendste unter tausend Geschenken der Natur.

Bey dem Ackerbaue sehen sie nur das Eckelhafte, die Bemühung, das Unangenehme. Dieses fällt ihnen, bey der Handlung, bey dem Kriegswesen, bey den Handwerkern und Künsten, zuerst in die Augen. Hingegen bey den Beschäftigungen der Gelehrten sehen sie Lorbeerkränze, Orden, Titel, Rang, Ruhe und tausend entzückende Freuden. Warum aber zeigt man ihnen nicht, wie jenen, das Mühsame, das Gefährliche, die Klippen, das Kriechende, die Thäler, die Moräste, woran wir andern Gelehrten gerathen können? Ist es denn etwa eine Glückseligkeit für die gelehrte Welt, oder für wenige erhabene Geister, viele unglückliche Mitbürger
oder

Nacherinnerung.

oder vielmehr Unterthanen zu haben? Ich kann dieses kaum vermuthen, indem grosse Geister sich grosse Bewunderer verdanken und die kleinen Geister gar nicht ertragen können. Oder gehören die kleinen Geister eben so nothwendig zu der gelehrten Welt, wie das unschädliche Uebel in der Natur zu der Vollkommenheit des Ganzen erfodert wird? Oder herrschte auch ein blindes Ohngefehr in der Meisterwelt, oder gar an Schicksal?

Ich kann mich von allen diesen Dingen nicht überreden; sondern bleibe dabey, es würden weniger Menschen studieren, wenn sie vorher wüßten, was jede Wissenschaft für einen Grad der Glückseligkeit zu geben vermag. Man lehre es doch der artigen, der muntern, der gesunden, der zur Glückseligkeit gebohrnen Jugend! Sollte mir jemals dieses Geschäfte anvertrauet werden, so würde ich meinen Lehrbegierigen etwa folgendergestalt anreden: Sie sind nunmehro, werteste Freunde! dahin gelanget, daß sie mit Fleiß und Bemühung sich derjenigen Kenntnisse eigen gemacht haben, die billigermaßen ein jeder Weltbürger besitzen sollte. Sie lesen und schreiben ihre Muttersprache und einige Mundarten der Ausländer mit vieler Richtigkeit und nach den Gesetzen der Sprachlehre. Sie haben eine Fertigkeit in der Rechenkunst; sie kennen die Beschaffenheit des Erdkreises, wie ihn die Geographie und die Geschichte der Völker beschreiben. Sie wissen überhaupt, daß die Veränderungen der Menschen, des Erdkreises, der Welt und des Weltes insbesondere ein Spiegel der Klugheit sind. Wollen sie klug werden, das ist, wollen sie eine

Fertig-

Fertigkeit erlangen, in sich selbst die größte, die sicherste Beruhigung zu finden: So lernen sie nun dasjenige Schicksal kennen, was über unsern Häuptern schwebet, so bald wir eine gewisse Lebensart in der Welt ergreifen.

Sehen sie jenen Handelsmann, der sich, durch nichts als Fleiß, Sparsamkeit und Geschicklichkeit dahin geschwungen, daß er jetzo ein vergnügtes Alter erlebet, daß er seines Reichthums genießet, den uns eine Gelehrsamkeit und Einsicht versprechen. Betrachten sie jenen Pächter, den reichen und wohlhabenden Landwirth, jenen Künstler; jenen Handwerksmann. Betrachten sie nicht minder den, durch Heldenmuth und Hoheit bis zu den höchsten Ehrenposten erhabenen Partheygänger. Jener Schiffsherr war erst Matrose; jetzt hat er so viel Schiffe in See, als Tage in der Woche sind. Sehen sie aber auch zurück auf die Schicksale der Gelehrten. Armuth, Knechtschaft, Verwirrung, Melancholey, Hypochondrie, Thorheit, Raserey sind die Folgen einer übel gewählten Gelehrsamkeit.

Sehen und betrachten sie nur jenen Geschichtschreiber. Glauben sie, daß er sich selbst fühle, daß er bey sich selbst sey? So irren sie unendlich. Er hält sich närrischer Weise für den Richter der Monarchen. Er vergißt darüber Neid, Elend, Verfolgung, Krankheit und Hypochondrie, hält sich für selig, und ist doch der Unseligste.

Jener Algebrist empfindet unaufhörliche Schmerzen der Unruhe, so bald sein Körper Pflichten fodert, die er ihm zu versagen, hartnäckig gewohnt

Nacherinnerung.

gewohnt geworden. Ueberdem ist er ein Schrecksal in allen schönen Gesellschaften. Man hält ihn, wie den Historicum, für einen Spion.

Der Moralist, der Satyricus oder der schöne Geist, wie man es nennet, sind Gespenster, wofür man bey hellem Tage fliehet. Kurz, nennen sie es,

> Gelehrte siehet man nicht
> Als etwa bey Processen.
>
> Hagedorn.

Die Gefälligsten unter den Ungelehrten sprechen mit uns von gelehrten Dingen, oder, wie man es nennet, von unserm Krame, so oft wie ihre Gesellschaft suchen. Und solchergestalt plagt uns so gar die Gefälligkeit: Denn wir gehen nicht eher in Gesellschaft, als bis wir des Nachdenkens überdrüssig sind, und wenn wir einmal zu uns selbst kommen wollen.

Doch alles dieses sind Kleinigkeiten und Nebendinge gegen die Mühseligkeit, die mit der Gründlichkeit in den Wissenschaften verknüpfet ist. Oft muß man um einer Sylbe, um eines Buchstabens willen hundert Folianten durchblättern und um einen Beweiß eines einzigen Satzes eben so viel Büchersammlungen durchdenken. Ich selbst bin in meiner Jugend nach Alexandrien gereiset, um von der ptolemäischen Bibliothek einige Ueberbleibsel zu erhalten, darinn ich den Beweiß von den fünf Elementen des Con-fu-Tse zu finden hofte. Vergebens! Kair, Memphis, Mecka, Bagdad, die Ruinen von Persepolis, Peking und Nanking selbst haben mich nicht überzeugen können. Zwar

Nacherinnerung.

Zwar finde ich mich für meine Bemühung hinreichend belohnet. Die Seltenheiten, die ich in den vorbenannten Städten und in jenen fernen Ländern kennen gelernet, und die Weisheit, die mir die Erfahrung auf einer so mühsamen Pilgrimschaft geprediget hat, sind mir unschätzbar, ohnerachtet sie mir mein ganzes Erbgut kostete. Prüfen sie sich daher, wertheste Freunde, ob sie dergleichen Gesinnung bey sich fühlen. Finden sie dieses; so bedenken sie weiter, daß die ganze Gelehrsamkeit abgetheilet werden kann in die nutzbare und in die belustigende.

Die Nutzbare anbelangend, so muß ich gestehen, daß sie das sicherste Mittel ist, ein Gemüth zu vergnügen, das nichts wünschet, nichts verlanget, nichts will, als das Recht der Thiere, das ist, Erhaltung des zeitlichen Lebens, einen gewissen Rang über die Handwerker und etwas Hypochondrie. Gesetzt aber, sie fänden bey sich selbst ein neckiges Vergnügen an den Werken des Verstandes, sie erhüben sich dem Triebe nach edeln nach schönen Kenntnissen; gesetzt, ihnen wäre das Vergnügen ihres Wahrheit- und Gewißheit liebenden Gemüthes wichtiger, als der ruhige Genuß reichlicher Einkünfte: Wie sehr werden sie irren, wenn sie sich nicht, ehe sie sich dieser Laufbahn nähern, ernstlich prüfen, ob sie gefaßet seyn werden, sich unaufhörlich an der Schönheit des Wahren zu vergnügen, und ob es ihnen ewig gleichgültig seyn werde, wenn sie durch die Erschöpfung ihrer geistigen Lust in Armuth, Verachtung, Beklemmung und Bekümmerniß gerathen? Ob sie es gelassen ansehen werden, wenn ihre Mitbür-

Nacherinnerung

ger reich, gebot und Herren ihrer Belustigungen sind? Ob sie es geduldig tragen werden, wenn man sie Spekulirer, unnütze Glieder der Republik, Träumer und Phantasten schilt? Ueberdem bedenken sie, daß, so leicht, so faßlich die Anfangsgründe aller Wissenschaften; so verwickelt, so ekelhaft und mühsam sind die Folgerungen, so unüberschlich die Verbindung mit allen kennbaren Dingen, mit dem ganzen Reiche der Gelehrsamkeit. Die Weltweisheit ist, ohne der positiven Gelehrsamkeit, ein bloßes Hirngespinst. Ein Weltweiser muß wenigstens die Grundwahrheit aller Wissenschaften besitzen, und das ist keine Kleinigkeit.

So bald es daran fehlet, so gehet es in der Weltweisheit, wie es zu allen Zeiten damit gegangen ist, wenn man sich auf die Fähigkeit zu schließen, welches man für die Vernunft hält, allein verlassen hat. Gewiß jener würdiger Verfasser eines kurzen Begriffes oder Entwurfes einer Geschichte der Gelehrsamkeit, hat völlig Recht, wenn er, nachdem er die ältern Weltweisen der Juden betrachtet, von dem Rabbi Ben Maimon saget: „Dieser hat zuerst aufgehört zu rasen „oder zu albern; denn er verband die Lehren des „Aristoteles mit seinen eigenen Einsichten." Das ist: Er schmiegte sich unter das Joch der Vernunft, so wie sie damals in der Welt vorhanden war.

Die Aegypter waren nicht so gescheit. Sie blieben bey ihren Träumen von dem Einflusse der Gestirne und anderer Wesen auf die menschliche Glückseligkeit. Das heißt: Die Aegypter waren mehr vor die belustigende als für die nutzbare Gelehr-

Gelehrsamkeit. Man sehe aber die schrecklichen Folgen dieser Neigung. Das so artige, weise, mächtige Aegypten ist jetzt ein Sammelplatz von Unwissen, die in dem Koran alle Weisheit zu finden einmüthig glauben.

Die Chaldäer brachten es nicht weiter. Zoroaster oder Zerdusht besaß die Kunst, in sich selbst vergnügt zu seyn. Das ist alles was man von ihnen heute zu Tage sagen kann.

Die Perser folgten seinen Lehren, und Lockmann versicherte, in seinem Buche Al-Amthal, daß wir unsterblich sind. Hätte er es nur hierbey gelassen! Doch die Neigung zum Nachdenken ist allzureizend. Er verfiel in die Ausschweifung der größten Weltweisen, über das Wesen der Götter, des Guten und des Bösen zu denken, und ersann einen Oromasdes und Arimanius nebst einer Mithra oder dem Mittelwinge, wovon Hasler etwas saget.

Die Indianer haben ihre Brachmanen, oder wie man sie jetzo nennet, Braminen und ihre Gymnosophisten. Das ist: Sie haben ihre Epicuräer. Mit einem Wort, ihre Vernunft erlaubet noch entgegen gesetzte Secten auf dem Wege der Zufriedenheit.

Ganz anders siehet es bey den Chinesern aus. Daselbst scheinet die Vernunft desponsch zu regieren. Man verehret bey ihnen einen mit Namen Con-fu-Tse, der es dahin gebracht haben soll, daß man die Tugend für nothwendig hält. Dennoch soll man, wie gesagt wird, in China eben so leben, wie bey uns gelebt wird. Merkwürdig ist, daß Con-fu-Tse, wie Dionysius, sein obrig-
keitl.

kritisches Amt niederlegte, um ein Tugendlehrer zu werden. Seine Nachkommen sind gebohrne Mandarinen.

Die Phönicier giengen weiter. Sie wendeten ihre Vernunft zu Erfindung nützlicher Wissenschaften an. Sie besegelten die mittelländische See, und Orpheus lehrete, die durch die Buchstaben des Codmus unterwiesenen Griechen die Musik, und benahm ihnen ihre angebohrne Wildheit. Die Aethiopier übertrafen sie, indem sie sich der Lehren aller andern Völker zu gebrauchen wußten, um die Teutschen selbst durch Barden und Druiden zu unterweisen. Dennoch war ihre Einsicht kein Licht der Welt zu nennen. Dieses war für spätere Zeiten aufgehoben. Noch genoß der Erdenkreys der sanften Vergnügungen, die uns eine unverschuldete Unwissenheit gewähren kann.

Die Griechen zündeten die Fackel an, wodurch noch heutiges Tages das Reich der Freuden zerrüttet wird. Sie lehrten die Sterblichen von Göttern denken. Das heißt: Sie gaben Kindern Messer und Dolche; eine sich selbst widersprechende Vernunft. Dieses beweiset die Geschichte der sieben Weisen. Pythagoras schien sie in ein System gebracht zu haben; deswegen erfand er die sieben Töne in der Musik. Seinen Schülern aber verbot er die gewöhnlichen Speisen unser Zeit, das Lachen, den Zorn und die Wollust. Das heißt: Die pythagorische Weltweisheit war für ihre Zeit zu schwach. Bey uns kann man essen, trinken, schlafen, lachen und böse oder lustig seyn; ohne daß wir aufhören wirk-

D lich

lich zu denken und zu leben. Unsere Staaten bleiben wenigstens eben so als zu den Zeiten des Pythagoras. Unsere Tugendhaften sind eben so stark, unsere Schwelger eben so wild, unsere Vernunft ist eben so wirksam und zuverläßig, und unsere Phantasie eben so erhaben.

Die Kinder des Pythagoras Heraklit, Democrit und Protagoras scheinen der Dreyzahl zu seyn, worüber der Alte so viel geweissaget hat. Der Enkel Epikur macht ihm nicht wenig Ehre. Seine Philosophie ist vernünftig und der Natur gemäß. Seine Feinde behaupten, er habe geglaubt, die Menschen wüchsen, wie Pilze, aus der Erde. Sein Gedanke von der Weltweisheit, daß sie blos ein Uebungsmittel des Verstandes sey, verdienet allen die Unsterblichkeit. Sein Begriff von der Glückseligkeit, daß sie derjenige Zustand sey, worinn wir das wenigste Misvergnügen empfinden, ist Hekatomben würdig. Dennoch fand seine Weisheit an den Pyrrho einen erschrecklichen Widersacher. Wer alles leugnet, der ist unüberwindlich! Seine Zuredsamkeit erhält sich Trotz aller Vernunft. Doch welcher Weltweiser wird einen solchen Feind als einen Widersacher ansehen? Man fürchtet ihn vielmehr und fliehet. Die skeptische Denkungsart ist indessen eben so gegründet, als die feinste Vernunftlehre. Sie ist es, die uns das: zweifele an allen Dingen! zuruffet. Sie ist es, die unsern Vernünfteleyen Einhalt thut, die uns für der Uebereilung warnet und uns hindert, mit Vernunft zu rasen.

Sokra-

Sokrates hätte mögen bedenken, daß es nöthig sey, gegen die Vorurtheile eines ganzen Volkes ein Scepticker zu werden. Doch, wer kann es einem Weltweisen, wie Sokrates, wehren, ein wenig eigensinnig zu seyn? Ja, wer weiß, thue ich ihm nicht Unrecht, wenn ich ihn des Eigensinnes beschuldige. Das menschliche Gefühl hat seine Grenzen. Die Gesälligkeit nicht minder. Wer kann ein, in den Schulen der Meßkunde, gebildeter Sokrat seyn, und sein Vaterland, sein Athen, Götter glauben sehen?

Xenophon sein Nachfolger zeiget die Vernunft auf dem höchsten Gipfel. Er verband nemlich der Gelehrsamkeit mit der sanften Tugend, mit der schönen Denkungsart, mit der Klugheit und mit dem Heldenmuthe. Der sterbende Weltweise prangete mit Palmen und mit Lorberkronen.

Xenophon brachte das Vergnügen in die Welt. Er hatte es vielleicht vom Himmel herab geholet. Dem sey, wie ihm wolle. Plato befand sich wohl bey den Sehern seiner Vorgänger und bey dem Geschmacke seines Zeitalters. Gott, Tugend, Wahrheit, Glückseligkeit, Vollkommenheit und Unsterblichkeit waren die Vorwürfe der Betrachtung seines Volkes. Alle Wissenschaften blüheten und wurden geehrt. Apollo war der einzige Rathgeber des ganzen Griechenlandes. Zweifeln, ob ein Weltweiser ein rechtschaffenes Mitglied ein guter Mitbürger sey, hieß Rasserey und Unvernunft. Diese Freude, dieses allgemeine Wohlseyn währte so lange bis Carneades und Philo die sortische Denkungsart wieder

Mode

Tode machten. Denn sie behaupteten beyderseits, daß nichts in der Welt gewiß und so begreiflich sey, daß man keine Zweifel dagegen aufzubringen vermögend wäre.

Dieses bewog vermuthlich den Aristoteles die Philosophie so schwer zu machen, als es nur zu seinen Zeiten möglich war. Entweder, dachte er, werden sie den Schüler eines Plato verstehen, oder nicht. Verstehen sie ihn nicht, so sind sie der Weisheit der Platonen nicht würdig; verstehen sie ihn aber, so werden sie selbst in solchen Eklipsen oder Verfinsterungen Veränderung finden. Dachte dieses Aristoteles nicht, so dachte es doch der Genius, oder die Vernunft seiner Zeit. Es ist der ganzen Natur zuwider, in der Weltperiode der Griechen, eine völlige gereinigte Weltweisheit zu denken. Aristoteles hat indessen sein Möglichstes gethan. Er ist weiter gegangen als alle seine Vorgänger: Allein desto mehr hat er die Welt verblendet, und sie bis auf den heutigen Tag verhindert, frey und ungekünstelt zu denken. Denn seine Vernunftlehre so wohl als die Physik verleiten uns, Metaphysiker zu werden. Ob dieses der allgemeinen und persönellen Glückseligkeit der Menschen gemäß sey, das mögen die entscheiden, die sich von der Metaphysik zur Vernunft bekehret haben.

Es ist aber die metaphysische Denkungsart eine Fertigkeit des Verstandes, bey Dingen, die über alle Sinne, Empfindung und den brauchbaren Verstand der Menschen sind, etwas aus allgemeinen Begriffen zu denken, was eben so unzulässig ist als das Verhältniß der Differenz

des

Nacherinnerung. 53

des Diameters zur Peripherie eines Cirkels. Wir wissen es gewiß, daß sie wie 100 zu 314 ist. Man bestimmet dieses Verhältniß auch, in größern Zahlen, genauer. Allein, man siehet zugleich voraus, daß man in Ewigkeit das wahre Verhältniß noch nicht bestimmen werde. So unbestimmt gewöhnet die Metaphysik uns über die ganze Geisterwelt und ihre Angelegenheiten zu denken. Das heißt: Sie hält uns in Betrachtungen auf, deren Unendlichkeit uns vergnüget. Jedermann hat seinen eigenen Geschmack. Man zweifle nicht, daß nicht auch, in der metaphysischen Denkungsart, etwas Angenehmes seyn könne. Die Algebra ist fast eben so beschaffen. Sie gewöhnet unsern Verstand an das Unendliche. Die Gränzen der Natur sind ihr eben so zu wider, als den Fürsten die Gränzen ihres Landes und ihrer Schatzkammer. Kurz, es giebt Welteroberer in der Geisterwelt, und dergleichen war Aristoteles.

Die Seelenlehre ist zu allen Zeiten berechtiget gewesen, die Ausschweifungen der Vernunft zu mäßigen und ihre Freyheit zu beschränken. Die cynische Secte war das rechte Gegengift gegen die Frechheit der Vernunftslehren. Wer alles sinnliche Schöne verachten, wer alles entbehren kann, der ist ein Ueberwinder der Vernunft. Die Stoicker giengen noch weiter. Sie suchten, wie die Hypnosophisten, ihr Vergnügen in den Schmerzen, im Elende, in dem, was der Natur erschrecklich ist. Sie beflissen sich zwar der metaphysischen Denkungsart; allein, da der Schmerz der Stoff ihres Vergnügens war, so siehet ein jeder leicht, daß sie sehr oft der Natur

D 3 zuwiezuwider gedacht; daß sie folglich unserm erleuchteten Zeitalter nothwendig lächerlich und unvernünftig scheinen müssen.

Ja, wer wird heutiges Tages die Stoiker für vernünftig halten, wofern das seine Richtigkeit hat, daß sie das Geld, die Schulen, die Tempel und die schönen Wissenschaften für unnütz und überflüßig gehalten haben? Es ist also eben so thöricht, wenn man sich für einen von jenen alten Weltweisen erkläret, als wenn man, in Staatssachen, sich für einen Ximenes, Richelieu oder Mazarin, für einen Colbert oder andern großen Geist erklären wollte. Zu ihrer Zeit waren sie Platone und Epikure, Aristotele und Zenonen. Allein ein anderes Zeitalter erfodert andere Weltweisen. Dieses sahen die Eklektiker ein. Diese suchten, aus den Lehren ihrer Vorgänger und Zeitverwandten, dasjenige heraus, was zu allen Zeiten unumstößlich gewiß bleibet. Darum nennen sich auch alle heutige Weltweisen Eklektiker. Wenigstens vermuthe ich es. Denn, da schon zu den Zeiten der Aristotele, die Vernunft sich bis zu dem Unendlichen geschwungen hat; so ist es kaum zu vermuthen, daß man heut zu Tage eine neue Vernunft erschaffen werde; ich will damit so viel sagen, daß man heutiges Tages keine neue Secten, Schulen oder Akademien für die Vernunft errichten werde. Es wird wohl immer Aristoteles der summus Aristoteles bleiben. Wir werden es aber, wie bisher, also auch in den folgenden Zeiten, denenjenigen unendlich danken, die das Unverständliche in den Lehren der Alten in ein solches Licht setzen, als es die Gemüthsart

Nacherinnerung

aus unserer Zeiten erfodert. Die Methode, die Fertigkeit vernünftige Schriften zu entziefern und nach unserer Denkungsart einzurichten, war bis auf unsere Zeiten aufgehaben, oder, sollte jedes Jahrhundert mit seiner eigenen Methode versehen gewesen seyn; so ist doch der Gebrauch der alten Wahrheiten für unsere flüchtigen Gemüther, durch die Methode unserer Lehrer so erleichtert, daß wir sie, als neue Lichter der Welt, zu verehren versuchet sind. Es bleibt ungewiß, ob die Erfinder oder die Erklärer der Systeme dem Verstande am meisten genutzet haben?

Inzwischen danken wir es billigermassen dem grossen Aristoteles, daß sein Erfindungs reicher Geist uns mit hinreichendem Stoff versehen, nach unserm Geschmacke vernünftig zu denken. Er hat es in den allgemeinen Begriffen so weit gebracht, daß man ein Eklektiker seyn kann, ohne im geringsten aus den Grenzen der Philosophie auszuschweifen. Seine Wahrheiten sind für jedermann. Die Religion, die Staatskunst, die Rechtsgelehrsamkeit, die Arzneykunde, alles, auch so gar unsere Sinnlichkeit vertragen sich mit der aristotelischen Weltweisheit. Sie hat Vernunftkunst genug, den Stoiker und Epikurer zu rechtfertigen.

Darum blieb auch der Ruhm dieses grossen Weltlehrers bey den feinsten Römern, und durch ihren Beyfall, bis auf die gegenwärtigen aufgeklärten Zeiten; (wie man zu sagen pflegt:) Darum entstand auch unter den Römern so gar keine neue Sekte. Sie hielten sich in den Grenzen, die ihnen der griechische Witz erfunden hatte. Sie wußten,

wußten, mit Wunder und Geschmack, die Lehrgebäude der Alten zum allgemeinen Vergnügen ihres und aller folgenden Zeitalter anzuwenden. Ja, sie verbanden mit den verdreßlichsten Wahrheiten der Weltweisheit so viel Schöner, so viel Schmuck der Beredsamkeit und der Dichtkunst, daß man noch diese Stunde für unnöthig hält, die Griechen zu lesen, so bald man im Stande ist, die Seltenheiten der edlen Römer zu schmecken.

Zwar ist dieses ein allgemeiner Jrthum zu nennen; allein, wer hebt nicht einen, der uns Mühe ersparet, und witzig, verständig und artig, und eben so scharf, wie die strengsten Aristoteliker machet, tief und vernünftig zu denken? Griechenland erzeugete die Vernunft, Rom hat sie erzogen, Frankreich und das übrige Europa hat sie menschlich für alle Völker brauchbar gemacht.

Wie sehr zweifle ich, daß sie, werthste Freunde, alles gehöriger maßen verstanden haben, was ich ihnen bishero von den Geschichten der Vernunft erzählet habe? Wie können sie es verstehen, wenn sie weder die Natur und die Geschäfte ihres vernünftigen Geistes einsehen, noch die Seltenheiten der heutigen Weltweisheit kennen? Versuchen sie es; lassen sie sich die allgemeine Wahrheiten der Metaphysik und der Vernunftkunst erklären. Studieren sie mit Fleiß und mit Handleitung der Geometrie, die Gesetze der Natur in der Körperwelt. Forschen sie nach den Lehren dieser gütigen Natur, die sie denen menschlichen Trieben und Gemüthsbewegungen, und die sie der ganzen Geisterwelt vorschreibet. Prüfen sie sich, ob sie an diesen Kenntnissen ein beruhigen-
des

des Vergnügen finden. Alsdann lernen sie sorgfältig die Geschichte der Erfinder und der Beförderer gelehrter Kenntnisse. Ausserdem macht die Geschichte der Gelehrsamkeit Enthusiasten, gelehrte Schwärmer und falsche Triebe. Bald blendet uns der Glanz eines sterbenden Sokrates, bald das bescheide, die sanfte Augenweide des Platons, bald die strahlende Sonne des Aristoteles; bald reißt uns die Freude eines Epikurs von uns selbst hinweg, bald verfallen wir in den Geschmack eines Diogenes, eines Zeno, eines Albertus, eines Paracelsus. Kurz, werden sie Weltweise, wo ich rathen soll, ehe sie die Weltweisen kennen! Was liegt daran, wer die Wahrheit erfunden, und wenn sie erfunden worden? Genug, wenn wir dieselbige Vernunft und Einsicht erhalten, die der Erfinder geleitet hat. Genug, wenn wir geschickt sind, so oft es uns gefällt, die Schicksale der Vernunft, des Witzes, des Geschmackes, mit geschärften Blicken zu betrachten.

Hierwider aber läßt sich, so wie gegen alle Wahrheiten, sehr vieles einwenden. Ich verehre aber keinen andern Einwurf, als diesen, daß derjenige, der die Geschichte der Gelehrsamkeit oder der Vernunft, mit einem wirklichen und dauerhaften Vergnügen erkennet, gewiß! einen innern Ruf haben müsse, ein Gelehrter zu werden. Aus diesem Grunde und wegen der Wichtigkeit dieses Entwurfes bleibt das, was bisher gesaget worden, in den Grenzen eines wohlgemeinten Rathes für diejenigen Gemüther, die schon in der frühesten Jugend eine Fertigkeit besitzen, die Wahrheit und die Güter auf Erden,

D 5 nicht

nicht nach ihren Verfassern und Liebhabern; sondern nach ihren eigenen Vorzügen zu schätzen, zu lieben, zu verehren, zu suchen.

Noch ein Wort von der heutigen Gelehrsamkeit. Palamedes und Codanus legten den Grund zu der Gelehrsamkeit, womit sich die Griechen, bis auf diesen Augenblick, in der Verehrung und Bewunderung aller Kenner erhalten haben. Sie verdienen also den ewigen Nachruhm, den man seinen ersten Lehrern schuldig ist, wenn sie uns auch nur, wie jene Buchstaben, dürre Wahrheiten kennen lernen. Man lasse einem Eginhardt oder vielmehr einem grossen Carl gleiche Ehre wiederfahren. Sie sind, wie Palamedes und Codanus, die Stifter der teutschen Gelehrsamkeit. Die Sprachlehre hat, zu allen Zeiten, den Grund geleget, wenn die Vernunft sich Denkmähler zu bauen angefangen hat. Man kann gar füglich die Periode eines grossen Carls für den Zeitpunkt der neuen Gelehrsamkeit annehmen.

Die Weisheit war, aus allen Weltgegenden, mit Schwerdt und Verheerung, durch Völkerwanderungen; durch die Wuth selbst, in den Himmel zurück zu kehren genöthiget worden. Die Einfalt und das Faustrecht begehrte die Nachkommen der Auguste. Witz, Geschmack und Verstand waren Privatpersonen zu Theil geworden. Die Familie der Pipinus war noch übrig, eine neue Vernunft, für ein heiliges römisches Reich, zu erschaffen. Sie entstand; die Geflüchten und Beschützern des wahren Vergnügens Allein, sie entstand nicht anders, als eine aufgehende Sonne, nicht plötzlich, wie das Licht

auf

auf den Befehl: Es werde Licht! Es kostete Jahrhunderte, ehe wir die Grammatik wußten. Die scholastische Weltweisheit, die sich mit den Pflichten der Religion zu verbinden gewaget, machte Wolken und undurchdringliche Nebel. Endlich befahl ein Franzose, Des Cartes, in sehr vielen Büchern, im Namen der Vernunft, man solle zweifeln! Man solle lieber ein Sonderling, ein Neuling, ein, ich weiß nicht was, als unvernünftig seyn. Man wagte es, und kaum hatte man es gewagt, so entstanden die Lehrer, die die Jahrhunderte unserer Sittlichkeit erleuchtet haben. Wer will es wagen, die Lehrer zu nennen, denen die reine Vernunft ihr Daseyn vorzüglich zu danken hat? Es sind nicht Schüler, sondern Richter der Aristotele; nicht Kinder und Nachkommen der Euklide, der Archimede, nein! es sind Lehrer der Meßkunde, Kenner der Natur, feinere Geister einer neuen Geisterwelt!

Sich einen Aristoteliker, einen Stoiker, einen Epikurer, einen Sophisten, einen, ich weiß nicht was, nennen, heißt bey uns eine Schwachheit, aus den Kinderjahren der Philosophie. Wir lernen denken, so bald wir anfangen zu denken. Unsere Wärterinnen sind Aspasias gegen die Ammen der alten Welt. Unser Pöbel sind Weltweise. Gesittete Bürger gleichen den Solonen. Der kleinste unter den Gelehrten verdienet delphische Schätze und Kränze.

Wer unter uns unweise und unvernünftig ist, den nennen wir scherzweise, bald einen Cyniker, bald einen Platoniker, einen Schwärmer, einen Träumer, einen schönen Geist. Die Lehren

der

der Vernunft sind nicht mehr ein Wocher weniger Dissonanzen. Sie sind, gleich dem Glanze der Gestirne, ein allgemeines Licht, dessen sich Gelehrte und Ungelehrte zu bedienen wissen, weise, klug, artig, glücklich und vergnügt zu werden. Vernünftig seyn ist heutiges Tages kein Weg zu hohen Ehren, zu seltnen Vergnügungen und zu Schätzen.

Es ist eine Pflicht, ein Gesetz der Natur geworden. Die Art und die Geschicklichkeit, seine Vernunft nach dem Geschmacke seiner Mitbürger einzurichten, nennet man Welt. Ein Fehler wider den Geschmack ist, wie ein Sophisma, ein unvergebliches Verbrechen.

Sieh, was andere sind!

Hagedorn.